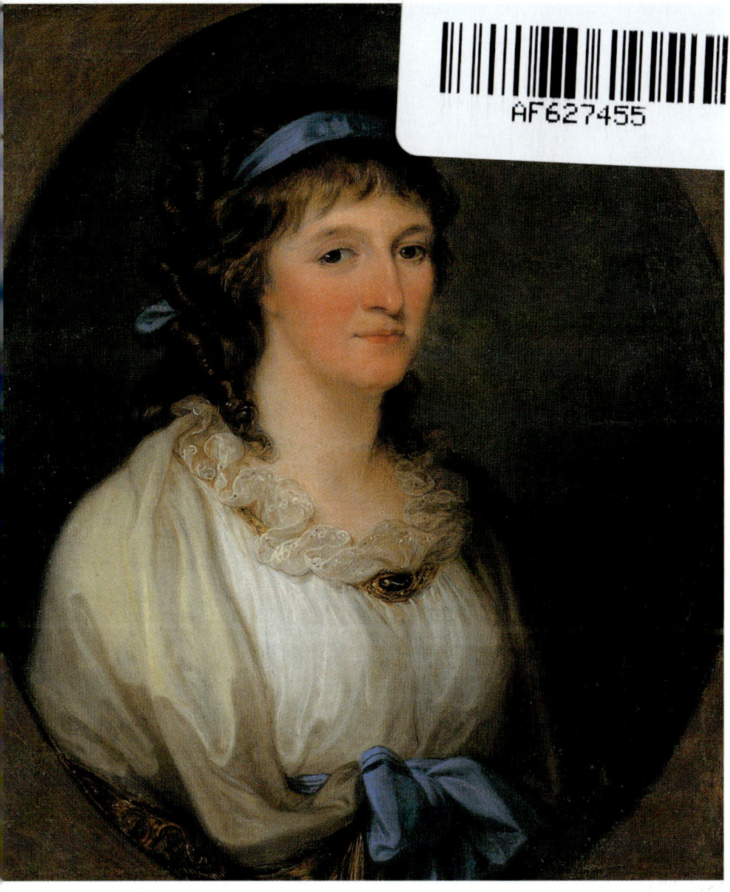

▲ *Angelika Kauffmann, Porträt der Fürstin Louise von Anhalt-Dessau, Öl auf Leinwand, 1796*

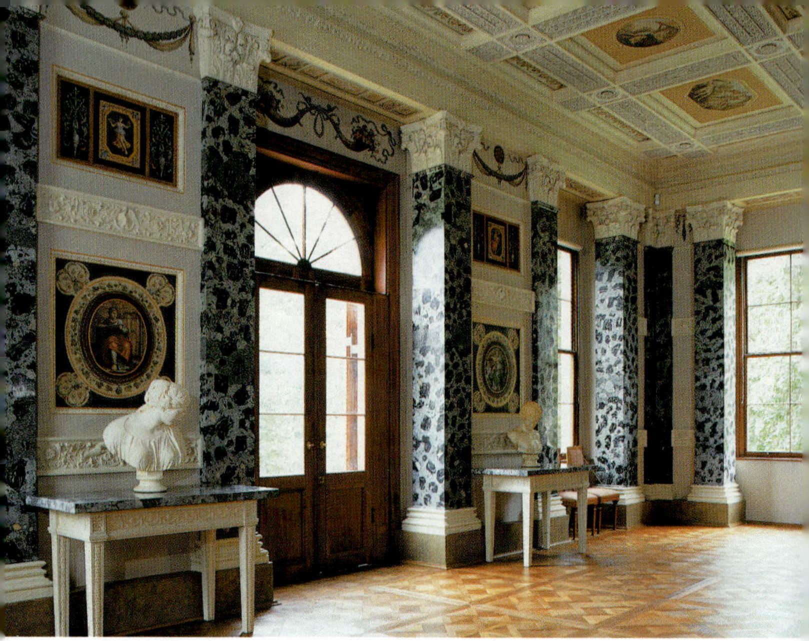

▲ *Schloss Luisium, Festsaal*

- Der *gute Ruf* (stehend) setzt der *Ehre* (sitzend im weißen Gewand) einen Lorbeerkranz auf. Vor beiden steht der *Eifer* (dargestellt als Minerva mit dem Gorgonenhaupt auf dem Schild), er beschützt die Ehre und den guten Ruf vor der *Verleumdung* (in der Gestalt eines Feuer speienden Drachens).
- Die *Treue* (eine Frau mit Hund) steigt in einen Nachen (der Lebensweg) und wird von der *Freundschaft* (eine andere Frau) empfangen. Sie reichen sich die Hände, um auch bei Stürmen nicht getrennt zu werden. Das Ruder des Nachens wird vom *Glück* geführt (Frau mit verhülltem Gesicht).
- Die *Demut*, an ihrer Seite ein Schaf, die *Bescheidenheit* in der Mitte, die *Geduld*, ein Kreuz tragend, gehen zum Tempel der Unsterblichkeit.

Die Wände werden durch grüne Pilaster aus Stuckmarmor gegliedert. In rechteckigen Feldern bilden die Wandgemälde antike Gottheiten ab.

Zwischen den Pilastern an den schmalen Seiten des Raumes befinden sich gemalte Fruchtgirlanden. Die quadratischen Felder neben den Türen tragen Darstellungen der freien Künste: die Malerei, die Dichtkunst, die Lektüre und die Musik. Anregungen hierfür gaben Michelangelos Malereien in der Sixtinischen Kapelle des Vatikans. Sehr ähnliche Motive befinden sich in Osterley Park/London, einem Haus, das nach Entwürfen des englischen Architekten Robert Adams entstand. Viele der dortigen Dekorationen schuf Antonio Zucci, der Gatte der auch von der Fürstin Louise hochgeschätzten Malerin Angelika Kauffmann. Sie lernten sich 1775 während der Englandreise der Fürstin kennen.

Das Mobiliar stammt vom Ende des 18. Jahrhunderts. Auf den Konsoltischen stehen eine weibliche Marmorbüste und ein »Antinous«.

Der Hammerflügel stammt von Anton Sailer, Wien, und wurde 1805 angefertigt. Das Instrument ist ein Geschenk der Gesellschaft der Freunde des Dessau-Wörlitzer Gartenreichs.

Vier sogenannte englische Fenster (sash windows) beleuchten den Raum. Die verglaste Tür führt auf die südliche Treppe.

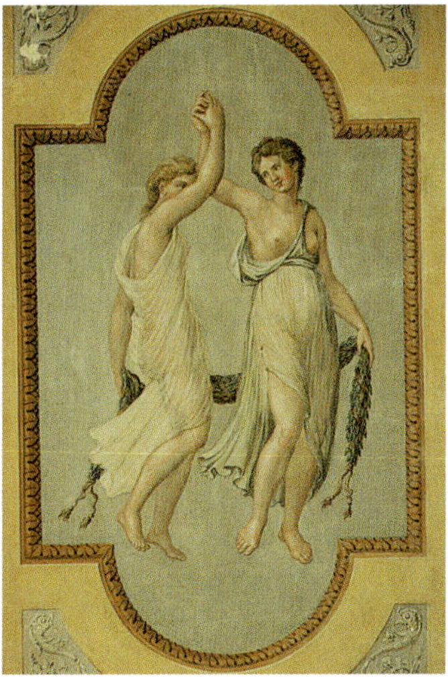

▲ *Festsaal, Reigentänzerinnen*

Das Kabinett neben dem Saal

Das mittlere Bild der fein gemalten und stuckierten Decke zeigt den Kampf der Lapithen mit Kentauren nach einem antiken Vorbild. Die Pfauen und Schwäne beziehen sich auf Venus und Jupiter. Es ist bemerkenswert, dass die Publikation über die sogenannten Titus-Thermen, aus der Erdmannsdorff die Vorlage des Deckengemäldes wählte, während der Bauzeit des Hauses 1776 eben erst erschienen war. Der Fürst und Erdmannsdorff sahen die antiken Originale in Rom.

Zwei Wandflächen sind mit Seidentapete bespannt. Links neben der Tür hängt das Gemälde »Madonna della Sedia« nach Raffael von Anton von Maron (1733–1808), rechts neben der Tür zwei Gebirgslandschaften der Weimarer Malerin Maria Dorothea Wagner (1717–1792), darüber die »Kartenspieler« nach Caravaggio von A. v. Maron. An der Innenwand (von links nach rechts) hängen »Hebe tränkt den Adler« von Ferdinand Hartmann (1774–1842), »Eros und Anteros« von F. Hartmann, ein Porträt »Elisa von der Recke« nach Anton Graff (1736–1813) (sie war eine enge Freundin der Fürstin) und eine »Madonna mit Kind« nach Raffael von F. Hartmann.

Die Büste der Fürstin Louise schuf der Gothaer Bildhauer Friedrich Wilhelm Eugen Doell (1750–1816) nach einem Modell von Bartolomeo Cavaceppi (1716–1799). Das Mobiliar stammt vom Ende des 18. Jahrhunderts, die Wandspiegel sind Nachbildungen.

In das kleine Kabinett konnte sich die Fürstin bei Gelegenheit zurückziehen und hier ihre persönlichen Empfänge geben.

Das Treppenhaus

Die original erhaltene Treppe mit dem eleganten Geländer führt durch ein bemerkenswert schmales Treppenhaus in die obere Etage. Die gleiche Situation findet man auch im Wörlitzer Landhaus.

Das Spiegelkabinett

Dieser Raum sollte durch die Verspiegelung und die dadurch erfolgte Reflexion der Gartenlandschaft wie eine Gartenlaube wirken.

In der Mitte der Decke findet man die Darstellung einer Venus, umgeben von naturgetreu abgebildeten einheimischen und exotischen

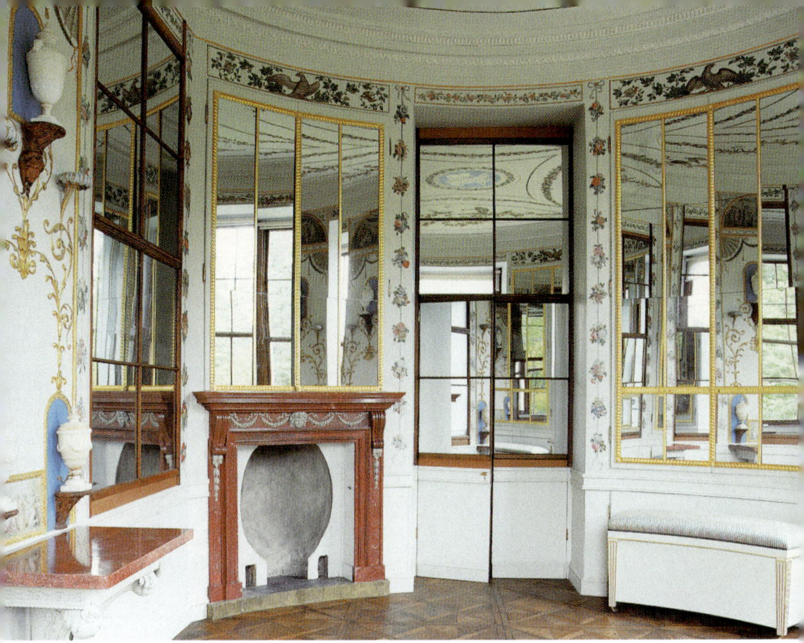

▲ *Schloss Luisium, Spiegelkabinett*

Tieren. In den kleinen Wandgemälden über den Konsoltischen sind Opferszenen dargestellt, in den darüber befindlichen Lünetten je ein Bacchanal. Die Spiegel stammen aus dem 18. Jahrhundert und wurden speziell für die Rekonstruktion des Raumes angekauft. Die Rahmen sind Neuanfertigungen nach historischen Fotografien, ebenso die drei Bänke.

Auf Wandkonsolen stehen Gefäße aus Alabaster, Arbeiten vom Ende des 18. Jahrhunderts. Im Spiegelkabinett befindet sich der einzige Kamin des Hauses. Die Ecken des Raumes nehmen vier Wandschränke auf. Der Raum wurde von der Fürstin als Garderobe genutzt.

Die Bibliothek

In sieben Feldern der Decke finden sich Darstellungen der freien Künste, umgeben von einheimischen Vögeln und südamerikanischen

Schmetterlingen. Umrahmt wird das Ganze von der Darstellung eines Minerva-Opfers nach antiker Vorlage. An den Wänden hängen 50 englische Rötelstiche, zum Teil nach Angelika Kauffmann (1741–1807). Das Mobiliar ist original. Vier Eckschränke nahmen die verloren gegangene Büchersammlung der Fürstin auf. Eine Tapeten-Tür führte in die fensterlose Kleiderkammer.

Das Rote Kabinett

Das Motiv des runden Deckengemäldes ist eine Charitas, die übrigen Szenen zeigen spielende Putten.

Über dem Spiegel befindet sich ein »Porträt des Fürsten Franz von Anhalt-Dessau« vom Berliner Maler Johann Heinrich Christoph Franke (1738–1792). Das großformatige »Porträt der Fürstin Louise in altdeutscher Tracht« nach Heinrich Olivier schuf Heinz Schmidt-Rom. Das Original ist verschollen. Die Fürstin steht in einem fiktiven, gotischen Raum. Durch ein Fenster wird der Blick auf den Garten Luisium gelenkt, man kann die Weiße Brücke und in der Ferne die Dessauer St. Marien-Kirche und das Residenzschloss erkennen. Ein weiteres »Porträt der Fürstin Louise« schuf Angelika Kauffmann 1796 in Rom während einer Italienreise der Fürstin. Früher befand sich in diesem Raum ein Hauptwerk der Malerin, »Psyche und Amor« (heute Kunsthaus Zürich). Goethe besuchte 1797 extra wegen des Gemäldes das Luisium. Daneben hängt das »Porträt der Markgräfin Johanna Charlotte von Brandenburg-Schwedt«, einer geborenen Prinzessin von Anhalt-Dessau – eine Großmutter der Fürstin.

Die Büste des Architekten Friedrich Wilhelm von Erdmannsdorff stammt von Friedemann Hunold (1773–1840).

Aus dem Südfenster führt eine Sichtachse durch den Garten auf den Turm der Jonitzer Kirche. Hier befindet sich das Mausoleum des Herzogs Franz und seiner Gemahlin (Fürst Franz nahm unter Napoleon den Titel eines Herzogs an).

Das Gemäldekabinett

Im Zentrum der Decke befindet sich die Darstellung von »Ariadne und Bacchus« nach Guido Reni. Die übrige figürliche Malerei folgt Vor-

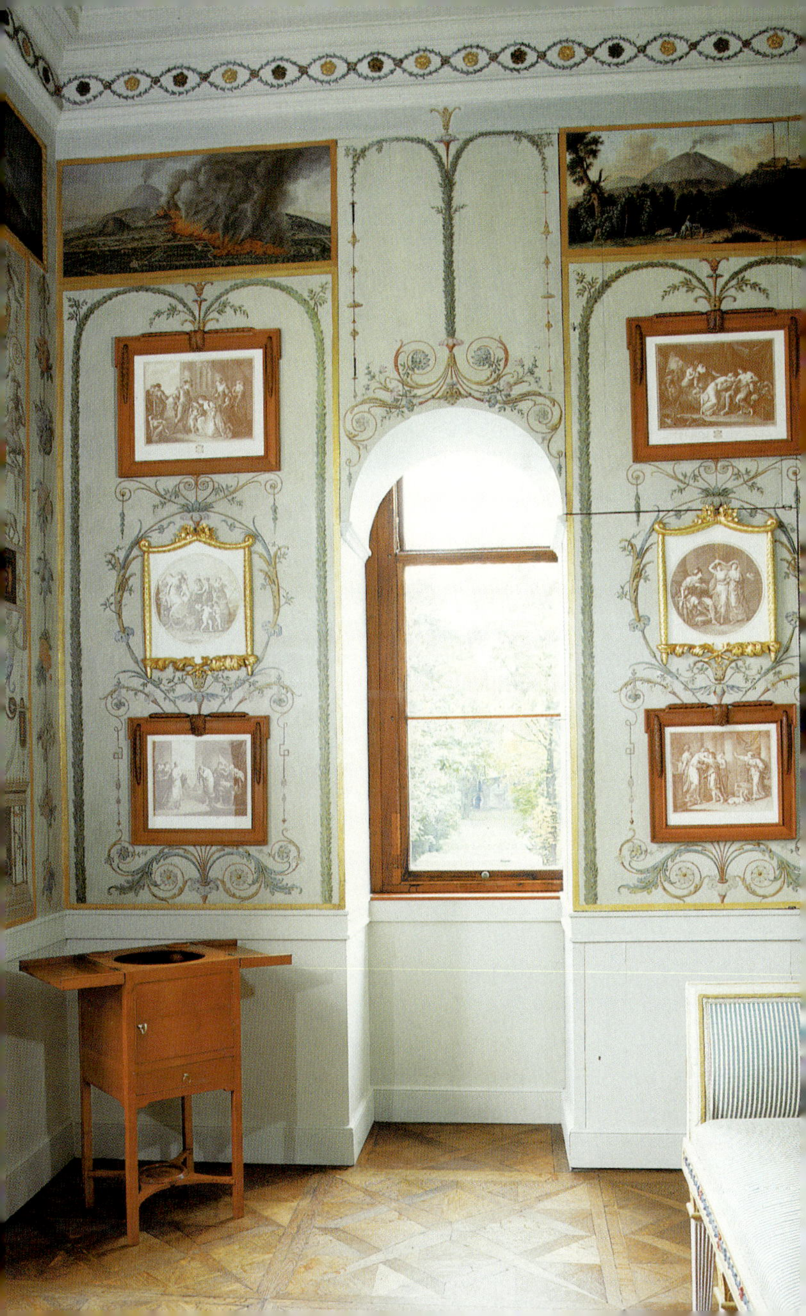

bildern der Loggien im Vatikan von Raffael, ebenso die Grisaille-Malerei auf den Wänden. Die gemalten Rohrkolben, Feuerbohnen, Winden und Hopfen erinnern wieder an das Motiv der Gartenlaube. Einer ähnlichen Idee folgt die Ausmalung des sogenannten Goethe-Zimmers in Schloss Tiefurt bei Weimar.

Neben der Eingangstür hängt das Bild »Maria und Elisabeth« nach Raffael von H. Olivier. Vier Landschaftsgemälde stammen von Christian Georg Schütz d. Ä. (1718–1791). Zwei dieser Gemälde stiftete dankenswerter Weise die Bayer-Bitterfeld AG.

Das »weibliche Bildnis« nach Guido Reni stammt von Joseph Kurz (1768–1827), zwei italienische Veduten von G. von Lindt. Die kleinformatige Vedute der Stadt Dessau, vom Luisium aus gesehen, schuf der Enkel der Fürstin Louise, Herzog Leopold Friedrich (1794–1871), als dilettierender Maler im Jahr 1838.

Der Tischfuß in Form einer Kanephora aus Sandstein geht auf ein Modell von B. Cavaceppi zurück. Es befindet sich noch heute in den Sammlungen von Schloss Wörlitz. Besonders bemerkenswert ist das Frisiertischchen. Das aus Birne gefertigte Möbel folgt englischen Formen, ist aber von regionalen Handwerkern angefertigt worden.

Einer zeitgenössischen Beschreibung zu Folge war dieser Raum einst das Schlafzimmer. Man kann ihn durch Tapeten-Türen verlassen, eine Lösung, die von Erdmannsdorff zuvor im Wörlitzer Landhaus erstmals angewandt wurde.

Das Graphische Kabinett

Von Erdmannsdorff nutzte zur Einrichtung des Graphischen Kabinetts alle zur Verfügung stehenden Wandflächen des Raumes. Selbst an der Decke werden Kupferstiche angebracht. Diese eigenwillige Dekoration ist einzigartig und nur bei von Erdmannsdorff zu bemerken. Im Wohnzimmer und Speisezimmer des Wörlitzer Gotischen Hauses und in der dortigen Villa Hamilton wandte er diese Gestaltung ebenfalls an.

119 graphische Blätter sind hier ausgestellt. Es handelt sich um Gemäldereproduktionen, London-Veduten, italienische, französische und Dresdner Landschaften, antike Götter und Idyllen. Auch Porträts englischer Persönlichkeiten sind zu finden, die für die Dessauer Fürsten

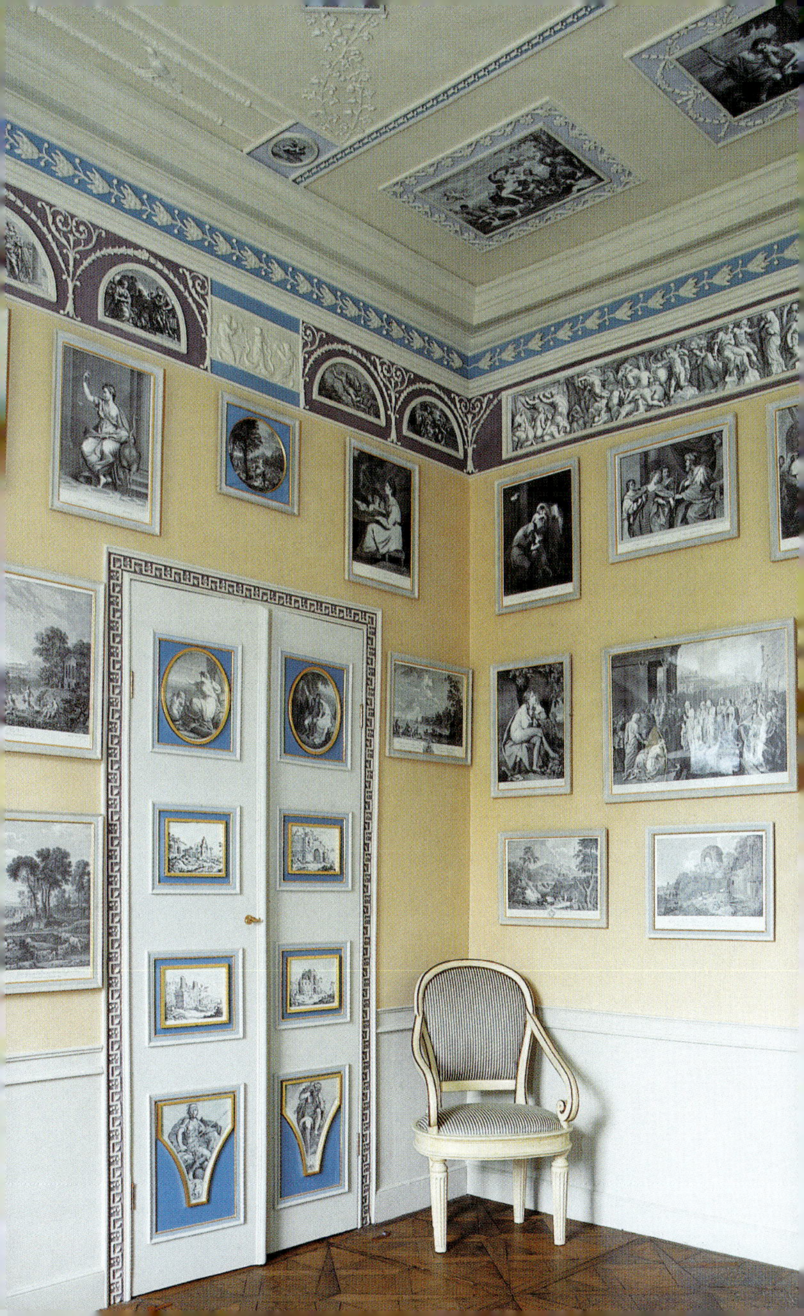

von großer Bedeutung waren, wie z. B. der berühmte englische Minister William Pitt, der Naturforscher Sir Joseph Banks oder der Besitzer von Stowe, Richard Greenville Earl of Temple.

Das Pompejanische Kabinett

Das Mittelbild der Decke zeigt weibliche Genien. Umrahmt wird diese Malerei von vier Darstellungen der Landschaft der Umgebung von Neapel. Die Vorlagen dafür und für vier Wandgemälde mit Vesuv-Ausbrüchen stammen aus der Publikation »Campi Phlegraei« (die brennenden Felder [in der Nähe Neapels]) von Sir William Hamilton. Der berühmte englische Diplomat und Antikensammler war ein Freund des Dessauer Fürsten. Nach der Publikation Hamiltons »Collection of Etruscan, Greek and Roman Antiquities…« entstanden die beiden rotfigurigen Wandgemälde auf schwarzem Grund: Es sind Vasen-Bilder aus der Hamilton-Sammlung. Die übrigen Wandgemälde gehen auf Vorbilder Raffaels in den Vatikanischen Loggien zurück.

Die Rötelstiche zeigen Arbeiten von A. Kauffmann, an der Innenwand unter anderem italienische Landschaften von Jacob Philipp Hackert (1737–1807). Hier hängen die Gemälde von A. Graff nach Correggio »Büßende Magdalena«, A. Graff nach A. Carracci »Christus-Kopf« und Elise Reiffensteins »Kloster« nach J. Ruisdael. Für die beiden Stiche von Gavin Hamilton (1723–1798), die »Poesie« und die »Malerei«, saß die berühmte Emma Lady Hamilton Porträt.

Interessant ist der Einbau eines Wandschrankes um das Fenster in der Ostwand, der ein Fenster integriert. Ein Blick hierdurch führt auf den künstlichen Ruinen-Bogen am Osteingang des Luisiums. Das Mobiliar besteht aus einem Sofa, Stühlen und einem Waschtisch.

Im Mezzanin waren Zimmer für Bedienstete und Gäste eingerichtet. Hier sind Sonderausstellungen zu sehen.

Ein Rundgang durch den Park

»Das Luisium soll die Mutter der übrigen Dessauischen Gärten seyn...«
(Friedrich Wilhelm von Krußer, 1796)

Im 18. Jahrhundert gelangten die Reisenden meist über Dessau in das Luisium und benutzten als Anmarschweg die bereits oben genannte **Lindenallee**. Das Luisium hat seinen eigenen Reiz. Das nahe Dessau ist kaum spürbar, wohl abgeschirmt durch riesige Baumwälle – und doch nur zehn Minuten entfernt.

Heute erreicht der Besucher des Luisiums die Anlage meist über den südöstlich gelegenen Parkplatz. Zunächst läuft man auf dem Hochwasserwall vorbei an über 200 Jahre alten Eichen (Quercus robur) geradewegs zu den neugotischen **Torhäusern**, zum Osteingang des Gartens.

Beide Pavillons wurden 1816 aus Backstein errichtet und mit gotisierenden Maßwerk verziert. Die Anregung hierfür entstammt aus der in der Bibliothek des Fürsten Franz vorhandenen, von James Malton 1802 herausgegebenen Publikation »A collection of Designs for rural retreats as Villas…«.

Auch das ganz in der Nähe gelegene sogenannte **»Schlangenhaus«**, ein neugotischer Gartenpavillon, ist von der gleichen Quelle beeinflusst. Das romantische kleine Bauwerk entstand um 1800, letzte Arbeiten an der Dachplattform sind für 1816 belegt. Das Haus kann als Ferienwohnung gemietet werden.

Verfolgt man den eingeschlagenen Weg weiter, gelangt man unmittelbar neben dem Osttor zur noch nicht vollständig gedeuteten **Skulptur einer verschleierten weiblichen Figur** (um 1785). Der Volksmund fand sogleich einen passenden Namen aufgrund des verdeckten Gesichts und nannte sie »die Nonne«. Der Dichter Novalis beschreibt in seinem Gedicht »Die Lehrlinge von Sais« ein ähnliches Motiv. Hier handelt es sich um die verschleierte, für den Menschen unerträgliche Wahrheit. Der balusterförmige Sandsteinsockel ist lebhaft gegliedert: Stierschädel, Girlanden und Akanthuslaub bilden die Verzierung der oberen Sockelhälfte. Den unteren Bereich bilden je zwei flache Reliefs einer Bacchantin und eines Bacchanten, die von hockenden Fabelwesen flankiert werden. Auffallend ist die enge Verwandtschaft der Form des Denkmalsockels mit Motiven in Gemälden des Frankfurter Malers Ch. G. Schütz. Etliche seiner Werke befinden sich in der Sammlung des Schlosses Luisium. Sehr wirkungsvoll erscheint die Ausbildung des schattigen Hintergrundes der Denkmalanlage durch dunkle Gehölze, die eine beabsichtigte Wahrnehmung aus der Ferne gewährleistet.

In unmittelbarer Nähe der Skulptur findet sich der künstlich angelegten **römischen Ruinenbogen** (um 1785). Der Bogen selbst bildet einen romantischen Rahmen für eine Teilansicht des Schlosses von der verschleierten Figur aus. Anregungen für eine derartige Gartenstaffage empfingen Fürst Franz und Erdmannsdorff in Italien, in englischen Gärten wie Kew oder Painshill sowie in zeitgenössischen Publikationen.

In Richtung Schloss ließ Fürst Franz eine einseitig bepflanzte **Allee von Edelkastanien** (Castanea sativa) anlegen. Die prächtigen alten Bäume stehen für das im Gartenreich oft angewandte Prinzip der Verbindung des Nützlichen mit dem Schönen. Nördlich davon befanden sich im 19. Jahrhundert Gewächshäuser, die inzwischen verschwunden sind.

Auf der gegenüberliegenden Seite des Weges fällt eine mächtige Stieleiche (Quercus robur) auf. Es folgt eine heckenartige Anpflanzung von Eiben (Taxus baccata), den charakteristischen Nadelbäumen des Luisiums.

Hinter zurückgeschnittenen Bäumen, die inzwischen heckenartig wachsen, liegt der **Wirtschaftshof** des Luisiums. Die offene Vierflügelanlage in Fachwerkbauweise ist wohl schon um 1750 entstanden.

Hofgärtner im Luisium war zunächst Johann Friedrich Eyserbeck (1734–1818). Nach Anweisungen des Fürsten und der Fürstin arbeitete er hier über vier Jahrzehnte. Der berühmte Dichter der Lieder »Am Brunnen vor dem Tore« und »Das Wandern ist des Müllers Lust«, der Dessauer Wilhelm Müller (1794–1827), wohnte hier auf Einladung des Herzogs Leopold Friedrich. Eine 1839 hier beschriebene Eiche in der Mitte der Anlage, »*…die ihr gewölbtes Laubdach darüber ausbreitet…*«, fehlt heute ebenso wie das »*…mit natürlichen, noch mit der Rinde versehenen dünnen Baumstämmen bekleidetes Häuschen…*« daneben.

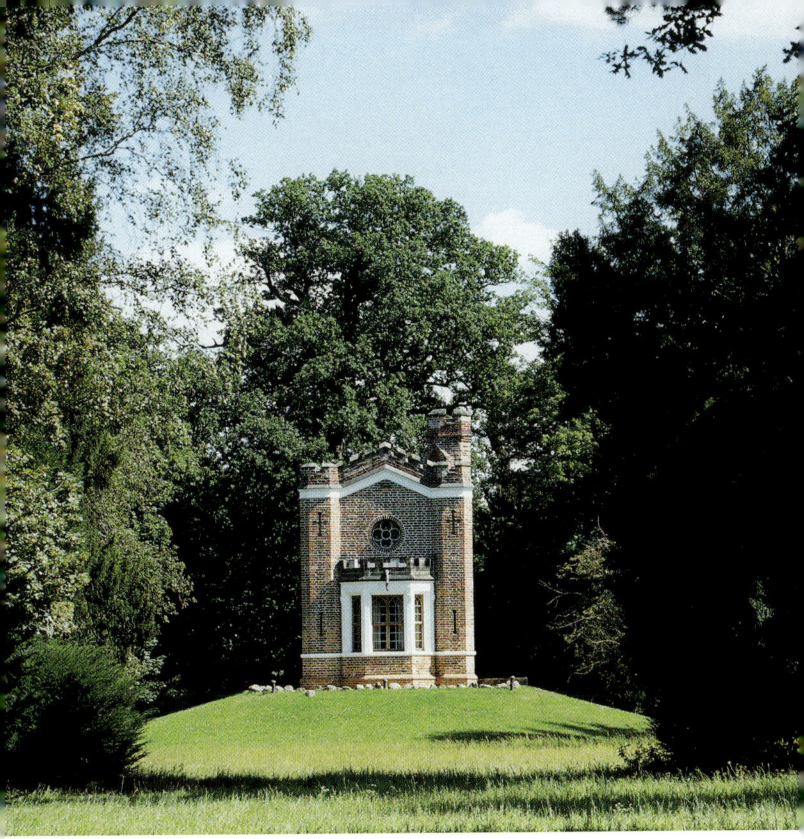

▲ *Garten Luisium, Schlangenhaus*

Nach Süden hin schließt das **Orangenhaus** (1782–1785) das Geviert ab. Jeder fürstliche Garten Anhalt-Dessaus verfügte im Zeitalter des Fürsten Franz über ein derartiges Haus, das im Winter die nicht frostbeständigen Pflanzen aufnahm. Im doppelten Sinne diente die Orangerie, wie im 18. Jahrhundert eigentlich die Pflanzensammlung genannt wurde, fürstlicher Repräsentation. Köstliche Früchte für die fürstliche Tafel wurden angebaut, und unterschwellig verwies man sehr bewusst auf die Verwandtschaft mit dem Hause Nassau-Oranien. Im Sommer fanden die Kübelpflanzen zeitweilig Verwendung bei der Gestaltung von Stimmungsbildern im Garten, wie alte Ansichten belegen. Erdmannsdorff folgte im Entwurf des Hauses dem sogenannten Green House in Kew Gardens. Sir William Chambers errichtete hier vor den Toren Londons inmitten eines ausgedehnten Landschaftsgartens, dem heutigen Royal Botanic Garden, zahlreiche Bauwerke.

Südlich des Orangenhauses (heute eine Gaststätte) befand sich im 18. Jahrhundert ein mittlerweile längst verschwundenes »**Treibhaus in Form einer ländlichen Strohhütte**« (Morgenstern 1801).

Von Norden nach Süden verlaufend, teilt die **Hauptallee** den Garten in zwei Hälften. Ursprünglich bestand sie aus »*Weymuthskiefern, die mit Kastanien untermischt sind*« (v. Krußer 1796). Heute stehen hier dicht gepflanzte Rosskastanien (Aesculus hippocastaneum), unterpflanzt mit Eibe.

Das aus verputztem Backstein errichtete **Nordtor** (vor 1799), im Volksmund auch »Weißes Tor« genannt, bildet einen architektonischen Abschluss des Gartens in Richtung des ehemaligen Wildgatters. Auf der Wiesenfläche unter den Bäumen blüht im Frühjahr das Zweiblatt (Listera ovata), eine seltene einheimische Orchideenart.

Gerahmt von Rotbuchen (Fagus sylvatica) und den Edelkastanien erscheint das **Schloss Luisium** (1774–1778) wie ein Teil eines arkadischen Landschaftsgemäldes. Dieses Bild ist zu allen Jahreszeiten sehr reizvoll. Die Auffahrt an der Nordseite des Hauses diente der höfischen Repräsentation. Für die per Kutsche Anreisenden wurde das Schloss wirkungsvoll in Szene gesetzt, denn man fuhr zunächst auf dem halbkreisförmigen Weg vor dem Schloss entlang, um schließlich am nördlichen Portal auszusteigen.

Von hier aus ergeben sich einzigartige Aussichten in die Elbaue. Alte Jagdschneisen durchziehen die Landschaft. Sie werden in der Nachbarschaft des Schlosses aus bemerkenswerten Exemplaren der Zierkirsche (Prunus spec.) gegliedert – besonders im Frühjahr ein herrlicher Anblick.

Linker Hand verläuft die sogenannte »Waldersee-Allee«, in der Mitte die »Saugarten-Allee« geradewegs nach Norden und rechts die »Kohlhau-Allee«. Blickt man von hier aus weiter rechts (nach Osten), wird im Gehölz der Ruinenbogen sichtbar. Auch entgegengesetzt gab es eine derartige Schneise in Richtung Georgium, die andeutungsweise rekonstruiert wurde.

Von der Südseite des Hauses gehen drei Sichtachsen fächerartig vom Gebäude aus. Nimmt man alle Achsen zusammen, stehen wir im Scheitel eines »**Jagdsterns**«, auf dessen Stelle das Luisium 1774 bis 1778 errichtet wurde. Fürst Franz war ein leidenschaftlicher Jäger. Überall im Lande verstreut gab es eingehegte Wildgärten. Vom Südportal des Schlosses führt eine lange Sichtachse über die große Wiese zum Mausoleum der Jonitzer Kirche. Im Mittelgrund des Landschaftsbildes steht der **Pegasusbrunnen** (um 1785) aus Sandstein. Es handelt sich um eine ehemalige Wasserpumpe zur Versorgung eines heute nicht mehr vorhandenen Blumengartens. *»Die Plumpe ist fast ganz hinter Gebüsch versteckt. Auf der Vorderseite verbirgt ein breiter aufgerichteter Stein die in die Höhe gehende hölzerne Röhre; an dem untern Theile des Steins ist ein Becken, das dieses helle Krystall aufnimmt, und über diesem Becken – fast die einzige Spur von bildender Kunst in diesem Garten – findet man eine Verzierung in bas relief, welche die dichterische Quelle Hippokrene nebst dem Pegasus, der dieser Quelle durch seinen Huf den Ursprung gab und die drei Grazien vorstellet.«* (Grohmann 1796)

Unmittelbar neben dem Schloss führt der Weg zur »**Weißen Brücke**«. Die Holzkonstruktion, erstmalig 1776 erwähnt, ist eng verwandt mit der aus Wörlitz bekannten Version. Beide gehen auf Entwürfe zurück, die Andrea Palladio in seiner 1570 erschienenen Publikation »Quattro Libri dell'Architettura« veröffentlichte. Eine ganz ähnliche Brücke von Chambers gab es auch in Kew Gardens.

Vom Brückenscheitel aus ergibt sich ein schöner Blick zu den **Gebäuden des Gestüts** (1779–1782), früher Fohlenweide genannt. Wie alle neugotischen Bauten des Luisiums bestehen auch diese aus unverputztem Backsteinmauerwerk. Der Giebel des Pferdestalls ist mit der Skulptur eines scheuenden Pferdes bekrönt, flankiert von zwei bärtigen Ritterfiguren. Eine Inschrift über der Tränke, von zwei löwenköpfigen Wasserspeiern gespeist, datiert den Stall 1781. Gleichzeitig entstand das im rechten Winkel dazu angeordnete Aufseherhaus.

Den Rundgang setzt man auf dem **Hochwasserdeich** fort. Es handelt sich hierbei um einen sogenannten »belt walk« oder Gürtelweg, der die gesamte Gartenanlage umgibt. Das Gestaltungsprinzip lernte der Fürst in englischen Gärten kennen und setzte es auch in Wörlitz ein. Vom leicht erhöhten Standort des Betrachters ergeben sich schöne Blicke in die Landschaft. An einigen Stellen hat sich in den letzten Jahren auf ungedüngten Wiesenflächen die reizvolle Türkenbundlilie (Lilium martagon) angesiedelt.

Nach einigen Metern kann man eine steinerne Treppe entdecken, die ehemals zur Fohlenweide hinab führte. Der Wall auf der dem Garten abgewandten Seite ist mit einer Trockenmauer aus Bruchsteinen verstärkt. Den Weg beschatten herrliche alte Eichen, die auf der Wallkrone stehen. Eine sanfte Kurve im Wegeverlauf will die Aufmerksamkeit auf eine besonders schöne Sichtachse lenken. Das Ende der Achse bildet das bereits besprochene Schlangenhaus.

Das bisher von einer Eibenanpflanzung verdeckte **Blumengartenhaus** (vor 1796) oder Blumensitz, auch Eulenhaus genannt, steht ganz in der Nähe des Walls. *»Dieses ist ein viereckichtes, weißes, ganz simples Gebäude, welches nur bey plötzlichem Regen zum Schutze dienet... Es ist auf beiden Seiten dicht umpflanzt, und überrascht daher nicht wenig.«* (v. Krußer)

Die heute ganz veränderte Situation gegenüber der Laube beschrieb vor über 200 Jahren der Gartenenthusiast von Krußer 1796: *»In einiger Entfernung aber gerade vor dem Sitze, ist eine Bank an einem längs dahin laufenden und niedrigen aber dichten Buschwerk angebracht, welches vormals zu einem Vogelheerd gedient haben soll, und wovon der Garten eine lange Zeit diesen Namen geführt hat... Auf beiden Seiten dieses Platzes sind zwei ausgemauerte Beete, auf welchen die schönsten und seltensten holländischen Hyacinthen prangen. Im Frühling wird dieser Sitz mit den schönsten und duftendsten Blumen ausgeschmückt, wovon die erhabene Fürstin eine große Freundin ist. Dieser Platz ist einer der schönsten im ganzen Garten, und verdient ganz den Beifall eines gefühlvollen Herzens.«*

In der Nähe befindet sich eine **Grotte** (1782) aus Bruchsteinmauerwerk. Die Gewölbe des kleinen Bauwerks erinnern an zeittypische Ere-

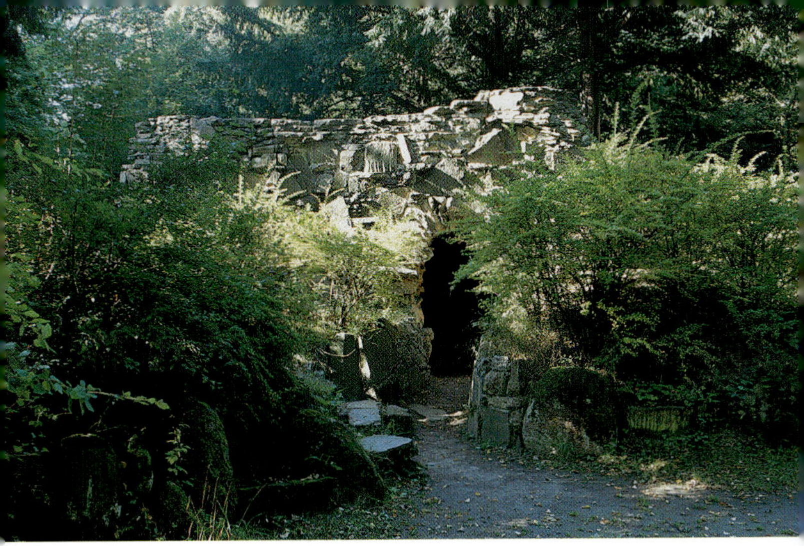

▲ *Garten Luisium, Grotte*

mitagen. Die obere Plattform, heute von hohen Eiben dicht umstanden, diente einst als Gartenbelvedere.

Folgt man dem Wallweg weiter, wird bald eine kleine Anhöhe, die der Volksmund **Ziegenberg** nennt, erreicht. In der Nähe grast tatsächlich die Ziegenherde des Lusiums in der Nachbarschaft von Pferden und Schafen und gehört zum Viehbestand des Gestüts. Vor 200 Jahren war gemischte Herdenhaltung in dieser Region typisch. Von diesem nochmals erhöhten Standort gibt es einen schönen Blick auf die Gestütsgebäude. Ursprünglich war der Baumbewuchs wesentlich transparenter und es ergaben sich Aussichten nach Dessau.

Weiter dem Verlauf des Walles folgend, erreicht man erneut die Sichtachse Schloss – Grabmonument. Das Schloss am Ende der Achse, gerahmt von Bäumen in Herbstfärbung, vor allem Blutbuche (Fagus sylvatica ›Cuprea‹) und Tulpenbaum (Liriodendron tulipifera), ist ein außerordentlich reizvolles Bildmotiv.

Am gegenüberliegenden Ende der Sichtachse steht das **Grabmonument** (1816–1822). Nach dem Tod seiner Gattin beschloss Herzog

Franz, sie in einem Mausoleum zu bestatten. Der greise Herrscher verfolgte die Bauarbeiten vom Schloss Luisium aus. Er ließ an die bereits bestehende Dorfkirche von Jonitz einen Turm mit Grabgewölbe anfügen. Ungewöhnlich ist die Bekrönung des Gebäudes mit dem weithin sichtbaren Obelisken. Die Arbeiten an der Grablege fanden erst nach dem Tod Herzog Franz' 1822 ihren Abschluss. Die geplante gärtnerische Verschönerung der Anlage führte sein Enkel Herzog Leopold Friedrich nur teilweise aus.

Auf dem Spaziergang zur bereits beschriebenen Hauptallee stehen zwei **Hermen** (um 1797) aus Sandstein im Gebüsch. Vielleicht handelt es sich um Porträts römischer Kaiser oder Dichter, denen sich Franz und Louise in besonderem Maße verbunden fühlten? Beide Skulpturen markieren den Weg am See in Richtung Schloss mit schönen Ausblicken und einem bemerkenswerten Exemplar des Goldregens (Laburnum alpinum).

Unweit der Hermen befindet sich das **Südtor** (vor 1799) aus Sandstein mit schmiedeeisernem Gitter. Es ist der alte Parkeingang für Wanderer aus Richtung Dessau. Die elegante weiße Holzbrücke wurde nach der Hochwasserkatastrophe des Jahres 2002 – das Luisium war drei Wochen lang überflutet – nach alten Beschreibungen rekonstruiert.

Der östliche Ausläufer des Gewässers ist 1809 künstlerisch verschönert worden. Die scheinbare Quelle erhielt ihre Einfassung in Form eines Sandsteingewölbes. Auf dessen Scheitel steht die **Herme** eines Fauns (1809–1812). Als Vorlage diente die kleine antike Skulptur im Wörlitzer Schloss, die auf dem Kamin des Schlafzimmers des Fürsten steht.

Unter alten Eiben und bemerkenswerten Exemplaren der Schwarzkiefer (Pinus nigra) setzen wir den Rundgang fort und erreichen den Ausgang des Parks.

Dem aufmerksamen Besucher wird die bemerkenswerte Artenvielfalt der Flora und Fauna des Gartens nicht entgehen. Dank der ökologischen Gartenpflege entdeckt man Zweiblatt, Türkenbundlilie, Knabenkraut, Thymian, Pfeilkraut und Geißbart. Dendrologisch bedeutend sind die vielen Altbäume wie Weymouths- und Schwarzkiefern, Lärchen, Eiben, Tulpenbäume, Eichen und Edelkastanien. In den Gartenbiotopen